Elvira González-Calero

33 años de amor y un disparo a bocajarro

SUNRISE
Editorial

eraseunavez.org

SUNRISE
Editorial

eraseunavez.org

Primera edición, octubre 2025
Segunda edición, noviembre 2025

Edita: Sunrise capital, S.L.
©Sunrise Editorial
C/. Lima, 42, posterior
28945 Fuenlabrada, Madrid
entrelineas@eraseunavez.org
www.eraseunavez.org

Realización, impresión y distribución: Sunrise capital, S.L.
Diseño de cubierta: Juan José González Guerrero
Corrección: Juan José González Guerrero
Maquetación: Juan José González Guerrero

ISBN: 979-13-990633-7-0

Depósito legal: M-22034-2025

Con la compra de este libro usted colabora con
2 céntimos de € para la plantación de árboles.

Impreso en papel ecológico

Impreso en España / Printed in Spain

A David.

A los que me aman y me sostienen en cualquier versión de mí misma.

«Si le hubiera cortado las alas,
habría sido mío,
no se habría escapado.

Pero, de esa manera,
no habría sido pájaro...
Y yo..., amaba al pájaro.»

TXORIA TXORI
(EL PÁJARO, PÁJARO ES)
JOXEAN ARTZE, 1957

Prólogo

La primera vez que la vi me sobrecogió su luz, una mujer fuerte, segura de sí misma y cercana de trato.

La segunda vez me sorprendió abriendo su alma de par en par frente a una horchata en una terraza de verano, dejando salir el dolor inmenso que sentía y la enorme carga que pesaba sobre sus hombros, pero aun así pude sentir su ternura sin límites y su infinita capacidad de amar.

La tercera vez lloré emocionada escuchando su voz sabia y pausada mientras desgranaba su corazón a ritmo de versos sentidos, llenos de verdad, pellizcando mi corazón suavemente, despertando sentimientos ya olvidados como quien abre una presa de agua para que brote la vida y la luz.

¿Cómo algo tan hermoso puede brotar entre tanta oscuridad? Es como una flor entre las rocas, sin agua, pero con unas raíces profundas y fuertes que se expanden hacia todo lo que la rodea. Sentí su fuerza interior, su alma bonita y su valentía a través de aquel desnudo emocional y generoso solo con la intención de compartir su aprendizaje de vida para que a otros sirviera su experiencia, su dolor y su sanación a través de su maravilloso don.

Sin duda serás la luz que ilumine el camino de muchas vidas.

Gracias por compartirlo conmigo, me siento una privilegiada.

Eres un regalo inesperado.

MIRIAM CEJAS

Elvira González-Calero

33 años de amor y un disparo a bocajarro

Prólogo de Miriam Cejas

Ilustraciones de JuanJo González

I

Se me hace muy difícil
pensar la vida sin ti.

II

Si me preguntas «cómo estás»,
te diré que me recompongo con elegancia,
a pesar de los días en que vomito lágrimas.

III

Mi lugar en el mundo
estaba en tus brazos.
Ahora lo busco, miro mi ombligo
y encuentro una fea cicatriz.

IV

Me he mirado treinta y tres años,
a través de tus ojos.

«Entremos más adentro en la espesura»[1]
Ahora, me veo.
Aprendo a amarme
sola, valiente, segura, hermosa.
Sabiendo que me amas, pero no me quieres,
que no te basta
lo que antes te colmaba,
que tienes sed de volar.

Te sobro, te sobramos.
«Entremos más adentro en la espesura».
Ahora te ves,
¿te gusta lo que ves?

---

1   San Juan de la Cruz.

V

Treinta y tres años, la edad de Cristo.
Como tal te apareciste
unos días antes de verbalizar
lo que, en soledad, ya habías mascullado.

No te reconocí.
Venías con la capucha de la sudadera
cubriéndote la cabeza.
Asemejó al cabello lacio del redentor.
En liberándote tú,
me has liberado a mí.

VI

Treinta y tres años, de amor,
del bueno,
y un disparo a bocajarro
en la boca del estómago.

Me arde, me escuece;
se refleja en el pecho el ardor.

Desgarrada.
El desgarro salpica
a los que amamos,
a los que nos aman.
Hasta el perrillo está en duelo.

VII

Solo alcanzaba a ver todo
lo hermoso que hacía a tu lado:
la belleza de lo compartido;
la fuerza de lo superado;
la compenetración;
la estabilidad de esa tela de araña
pacientemente tejida en que,
en equilibrio, nos manteníamos.
¡Rota la tela, rota la araña!

VIII

Y, de repente, el abismo.
En MIS TODOS, te encuentro.
Las cosas que hago, antes las hice contigo.
Te extraño.
Busco la mano del amigo;
el abrazo del amante;
la confidencia del compañero;
el apoyo del padre…
Y no te hallo.

Me dices que nos tendremos siempre;
que yo soy lo mejor que has hecho en la vida.
¿Por qué te deshaces de tu mayor logro?

IX

Doy gracias
porque me buscaras, de entre todas las flores
de tu vasto jardín,
en el frescor de la adolescencia.
Por tu perseverancia hasta hacerme tuya.
Por tantas risas;
por enjugar mis lágrimas;
por los besos tiernos;
por el sexo acompasado;
por el aprendizaje construido;
por elevar mi conciencia;
por tus generosos regalos.

Por haberme hecho sentir
la mejor mujer del mundo,
la más bonita, sin serlo.

Gracias por nuestros hijos;
por ponerle color a la música;
por los lugares descubiertos.
Por espantar mis temores.
Por tu porte garrido,
por el barro que lleva tu nombre.

Por amar la lluvia tanto como yo la amo.

Y en estos días de alejamiento
en que desandas el camino
que hiciste para conquistarme,
con el mismo ímpetu de entonces,
llueve a rabiar, llueve, llueve…
y arrastra mis lágrimas;
y me liberta;
y me permite gritar
que, quizás, algún día descubra
que estoy mejor sin ti.

X
Pongo el contador a cero,
dispuesta a crear
nuevos recuerdos.

Alcalá de Henares, 2 de marzo de 2024

XI

Adónde irán los besos
que aún están por dar.

XII

«No es la vida que quiero»,
me dices en la mañana.
La noche me alcanza
con el eco desolador
de tus palabras,
en el alma…
    de-sol-ador (sin sol, helador).
No me resisto,
    acepto desde el dolor
        más hondo y oscuro,
            denso,
                insoldable…
Me sostengo,
    trastabillo,
        mas no caigo.

XIII

Me agarro a todo lo bueno
que de mí te enamoró,
para reponerme:
el pundonor,
la alegría,
la resistencia,
la fuerza,
el coraje de vivir,
el optimismo,
el tesón,
la generosidad,
la presencia del SER.

Saldré adelante,
ya no puedo pedirle
más a la vida.
Amaba la vida
que tenía junto a ti.
Amaré la vida
que me queda.

XIV
Como Buda abandonando
su palacio, su mujer, su hijo.

A veces, uno ha de perderse
para encontrarse.

Si no te encuentras,
¿hallarás el camino de vuelta?;
¿reconocerás el paisaje
que quedó tras tu partida?;
¿encajará la llave en la cerradura?

XV

En esta Senda Perdida
en que me hallo,
me arrulla el pertinaz trino
de los pájaros
y duermo de corrido,
como una niña
sin preocupaciones.

XVI

Andarina y locuaz,
por el valle
en que nos amamos.

Al cuerpo
sigue mi sombra;
a mi sombra, la tuya
de la mano.

No sé cómo
deshacerme de ella.
No sé, siquiera,
si quiero hacerlo.

Es una bruma densa
y, aun incorpórea,
ocupa mi espacio;
usurpa mi tiempo,
todo el tiempo.

A veces, se esfuma
cuando canto.

Tararareo, entonces,
por los pasillos de la escuela;
en el andén del metro;
en la cola del supermercado...

Se me ve contenta
y es, solo,
que te estoy olvidando.

Canto hueca,
canto bajito,
potente canto.

Con mi canto
te espanto
sombra densa
que me arrostras
a los días en que,
en otro cuerpo,
te proyectabas.

Alameda del Valle, 1 de marzo de 2025

XVII

Primer aniversario
del día en que decidiste
amarte a ti mismo
por encima de todas las cosas.
Amén.

XVIII

Obligada me he visto
a aprender a vivir sin ti.

Me pregunto cómo te apañas,
si el balance es bueno,
si no me extrañas,
    a mí,
        a tus hijos,
            al perrillo,
                a la vida
que llevabas.

Por momentos, te imagino
perdido, confuso,
llorando calladas y ásperas
lágrimas de rocalla.

XIX

Camino hacia la escuela.
Súbitamente, entre el hueco
de dos montañas,
asoma el sol.

Pocos recuerdan
que sus lomas entierran
toneladas de basura.

La vida brota
transmutando la miseria.
Transito mis miedos,
invicta me abalanzo
hacia ese paso de luz.

XX

Sucede, hombre,
que ya no te elegiría
de entre un millón.
Te desdibujas
al igual que el grafito
cuando el agua se derrama.

XXI

Al principio, yacía
en mi lado de la cama;
aun sabiendo de tu ausencia
en el tuyo.

Ahora me deslizo
hasta conquistar el borde
que tú ocupabas,
agradeciendo la frescura
de las sábanas.

XXII

Ya no me cuesta
omitir un puñado de garbanzos
en el cocido,
ya no me duele saber
de tus comidas espartanas.

Imagino tu piso en desorden;
tus camisas con doble raya;
la ventana sin cortinas;
la frialdad de la sala;
la nevera vacía;
los vecinos ruidosos;
la soledad buscada,
y me pregunto si no anhelas
tantas cosas, tantas…

Que te acaricie el cráneo;
el paseo sin palabras;
mis manos frías,
recogidas en las tuyas templadas.

XXIII
Podría guardarte rencor:
me dejaste en la estacada,
nos dejaste en la estacada,
pese a ello, me puede el amor.

XXIV
Qué gusto
la palmera erguida
entre los edificios de una ciudad
en que, su vida, es harto extraña.

XXV

Fue tal la quietud
que ni el aire corría.
Se detuvo el tiempo.

Los lagartos
se secaron al sol;
las arañas quedaron suspendidas
de su frágil hilo;
se evaporó
el agua de las charcas.

Ante esta plétora de inmovilidad,
me dediqué a recoger
las piedras derrumbadas de nuestra fortaleza;
a buscar un lugar donde colocarlas;
a crear un hogar amable;
a estirar los caudales tanto
como el más largo de los ríos.

Mientras, me iba consumiendo
como un cirio en el altar;
mas, no podemos olvidar,
el hecho de que el aire no corría
y eso mantuvo mi luz
    ante las rémoras,
       y la fatiga,
          y la desesperación
          y el miedo.

XXVI

No recuerdo, siquiera,
cuándo fue la última vez
que me permití parar.

Embebecida en el sillón orejero
que me recoge entre sus brazos,
solo alcanzo a intuir la línea
que traza la sierra, ahora, oculta
por la neblina de la mañana.
Un arco de color se interpone
entre la montaña y la ventana.

Aparto la plancha, amontonada;
flojeo ante Benedetti y su
Primavera con una esquina rota,
en esta, mi primavera
de esquinas achaflanadas.

Se aproxima un águila, flechada.
Ha debido de posarse en el tejado
de la casa.

Surcan el cielo las cigüeñas,
delante del arco de color;
pronto, los vencejos…

La realidad se me acerca,
por momentos, me inunda;
inerme, me fundo en ella.

De, a poco, abandono el letargo
en el que fui una con el mundo
y su inefable hermosura:
la que ofrece, la que oculta;
la que acerca, la que aleja,
la que arrebata.

Una con el mundo
y sus esquinas rotas,
esas aristas que reparo
con esmero,
que no quiero que,
a otros, hieran mis heridas.
No quiero,
no quiero.

XXVII

En este tiempo
he confeccionado
un vestido
de palabras cosidas,
bien rematadito.

Me lo pondré
en esos días
en los que la voz
no me alcance
para decir lo que siento
y me baste rozar
un pedazo de tela
para hacértelo saber.

XXVIII

Café y tostadas.
Hoy se deja ver, de momento,
la sierra de Guadarrama,

Verdea, tímida,
en esta primavera
de lluvia, granizo, nieve…,
primavera de agua.
Salpicaduras blancas
en cimas y laderas,
lechosos los cortafuegos,
incipiente el amarillo
de la retama.

Las nubes se retiran,
inexorablemente.
Emerge una ballena
en el pedazo de azul
que, estas, circundan.
Con la boca abierta,
bien grande.
Una ballena luminosa.

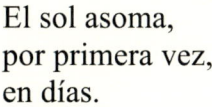

El sol asoma,
por primera vez,
en días.

Avanzan las nubes.
Lo que en un instante fue,
dejó de ser.

Todo pasa,
todo pasará.

Alameda del Valle, 16 de abril de 2025

EPÍLOGO

Decía, mi admirada Mª Teresa León, que «vivir no es tan importante como recordar.»
Soy lo que soy por lo que he vivido.

Permanecen los recuerdos en la memoria implícita, oculta, adormecida; y en la memoria explícita, al alcance de un instante de búsqueda y concentración.

Se imprimen en la memoria colectiva, como especie.

Habitan en la memoria del clan familiar.

Soy lo que soy por lo que he vivido.

De ahí procedo, en eso me sostengo.

Sin embargo, digo, a voz en grito,
    lo oigan
        las hormigas subterráneas,
           las aves del cielo,
                los osos de las cavernas,
                las tortugas marinas,
que tengo la firme determinación de VIVIR
plenamente y crear nuevos recuerdos que me
sigan sosteniendo, conformando y puliendo hasta
el final de mis días.

Elvira González-Calero

Otras obras de la autora

De Lorca a Lorca y recito porque me toca, se escribe con la intención de homenajear el centenario de la llegada del genial poeta, desde su Granada natal, a la Residencia de Estudiantes de Madrid.

La obra consta de un acercamiento al contexto histórico-pedagógico del momento, en el que se enfatiza el significado de la Residencia de Estudiantes en la formación innovadora de la que será la élite intelectual del país, y su repercusión en la vida y obra de Federico García Lorca.

La autora brinda al lector la posibilidad de indagar, de profundizar en aspectos que podrían ser de su interés, como qué fue de ciertos personajes tras la desaparición de Federico. Otras veces, le remite a enlaces en los que, por ejemplo, puede escuchar a Federico al piano, u observarle en movimiento, los ojos chispeantes, la sonrisa hermosa.

Título: De Lorca a Lorca y recito porque me toca
Autora: Elvira González-Calero
P.V.P. 18,00€
Poesía
ISBN: 978-84-120642-1-6

Pedidos:

www.eraseunavez.org

entrelineas@eraseunavez.org

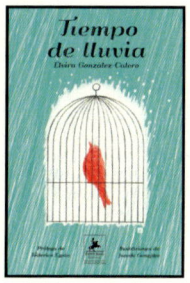

«Tiempo de lluvia» es un poemario fresco, sin artificios, que hace un recorrido por las vivencias de la autora, observadora en sus distintos hábitats: Madrid, su ciudad natal; Alcalá de Henares, su ciudad de adopción; la sierra norte de Madrid y la Asturias de su infancia.

Se trata de una poesía narrada en la que Elvira comparte con el lector eso que ha vivido y le ha producido una sensación y una emoción determinada, eso que le ha acompañado en las horas postreras invitándole a la reflexión.

El libro relata, finalmente, las experiencias de dolor, el afrontamiento de la enfermedad y el declive de los seres queridos, desde la aceptación, el amor y la alegría de vivir.

Título: Tiempo de lluvia
Autora: Elvira González-Calero
P.V.P. 11,44€
Poesía
ISBN: 978-84-948537-8-4

Abrazos es un libro de poesía infantil, cargado de trabalenguas, canciones y un sinfín de divertidas historias.

Título: Abrazos
Autora: Elvira González-Calero
P.V.P. 11,00€
Poesía
ISBN: 978-84-167686-3-9

Pedidos:

www.eraseunavez.org
entrelineas@eraseunavez.org

Sunrise Editorial

....

'Más vida'

Sunrise Editorial es un espacio de creación y de manifestación vital donde se potencia a quienes de algún modo intentan renovar la literatura en español, dándole un soplo de frescura; sus talleres están abiertos también a quienes tienen algo fabuloso que contar. Cada título es una joya del autor, porque en su interior palpita su vida. Lo que cuentan, su escritura, es el Sol; y nuestros autores, sugestivos girasoles creativos. Los girasoles miran y buscan el sol. En días nublados, se miran unos a otros buscando la energía de cada uno. No se quedan mustios ni con la cabeza baja, se miran unos a otros y siguen erguidos. En nuestra editorial no se compite: se comparte. Si no tenemos sol todos los días, nos tenemos unos a otros para seguir brillando... viviendo.

El girasol y la fábula

....

erase unavez.org

C/. Lima, 42, posterior
28945 Fuenlabrada, Madrid
autores@eraseunavez.org
www.eraseunavez.org